My heart cries at the end of Spring

Yusufova Madinakhan

© Yusufova Madinakhan
My heart cries at the end of Spring
by: Yusufova Madinakhan
Edition: June '2024
Publisher:
Taemeer Publications LLC (Michigan, USA / Hyderabad, India)

ISBN 978-93-5872-518-6

© **Yusufova Madinakhan**

Book	:	My heart cries at the end of Spring
Author	:	Yusufova Madinakhan
Publisher	:	Taemeer Publications
Year	:	'2024
Pages	:	34
Title Design	:	*Taemeer Web Design*

O'ZBEK TILIM

Bir urug'dan chechaklar ochtirgan tilim,
Bir go'zalni - oy, suluv, deb siylatgan tilim.
Alpomishdek, Barchinoydek ulus elimni,
O'z tilida bulbul kabi sayratgan tilim.

Beshikdan qalbimga jo bo'lgan,
Onam allasida bor bo'lgan tilim.
Hofizlarin kuyida yayragan tilim,
Navoiy ijodin yaratgan tilim.

Navoiy bobom g'azallarini,
Yozgan besh doston-u, ashorlarini
Shu tilda sevib o'qigan elim
Mening ona tilim, oh, o'zbek tilim.

O'zbegim tilini jahon tanidi,
O'zbegim o'zini jahon tanidi.
Bizni jahonlarga tanitgan tilim,
Mening ona tilim, oh, o'zbek tilim.

Ajdodlar o'zligin anglatgan tilim,
Tarixin bizlarga so'zlagan tilim.
Dovonlar osha o'lmagan tilim,
Mening ona tilim, oh, o'zbek tilim.

O'ZBEGIM ONALARI

Ey shafaqdan tushgan sab ilk durlari,
Ufqgacha tutashgan qalb torlari,
Gul yuzli obi-jannatning hurlari,
Mehri oftob o'zbegim onalari,
Sabri bardosh o'zbegim shodalari.

Ohistalab qo'lin cho'zar lolasiga,
O'zdan kechib, yo'lin ochar bolasiga,
Dard chekkanda qarang ko'zin qorasiga,
Mehri oftob o'zbegim onalari,
Sabri bardosh o'zbegim shodalari.

Qadrin chetga surib yashar farzand uchun,
Og'rinmasin, chekmasin dard bolam bir kun,
Sezdirmayin deya yig'lar ul zot har kun
Mehri oftob o'zbegim onalari,
Sabri bardosh o'zbegim shodalari.

BAHOR SO'NGIDA

Lolaqizg'aldoqlar ochilgan mahal,
Ko'zlarin quvochdan porlaydi har gal,
Shamolning esishi o'zgarsada sal,
Yuragim yig'laydi bahor so'ngida.

Menga baxtni in'om etdi bu bahor,
Oshufta diydorga yetkazdi nahor,
Rutubatli chilla aylaganda xor,
Meni ozod etdi bu gul-gun bahor.

Endi vidolashmoq men uchun og'ir,
Ketsang yuragimga tilayman sabr,
Senga alvidolar demasman axir,
Yuragim yig'laydi bahor so'ngida.

"TASLIM BO'LMAYDIGAN BU – MENING XALQIM!"

Qancha urush o'tdi, metin boshidan,
Achchiq tuhmatlar o'tdi bardoshidan,
Yo'qotish, boy berish, ayrildi oshidan,
Taslim bo'lmaydigan bu - mening xalqim.

Bag'ri osmonlardan ko'klamlardan keng,
Tafti issiq, mehri quyoshlarga teng,
Jo'shqin daryolardek g'ayratli xalqim,
Taslim bo'lmaydigan bu - mening xalqim.

YURTIM

Yurtim, yo'llaringga gullar to'shalsin,
Farzandlaring senga ergashsin doim.
Osmoningda quyosh va oy porlasin,
Bog'laring yashnasin gullab iloyim.

Mustaqil yurt ko'zlar aslo tegmasin,
Yoshingga yoshlar ham qo'shilaversin.
Boshingni hech qachon dushman egmasin,
Yurtim tinchligingni Tangri asrasin.

Shoirlar seni deb yozsinlar ash'or,
To'yingda yoshlaring bo'lsin bayroqdor.
Farzandlar madhingni kuylasa jo'shib,
Xalqing ham kuylasin mehrini qo'shib.

Yurtim yo'llaringga gullar to'shalsin,
Farzandlaring senga ergashsin doim.
Osmoningda quyosh va oy porlasin,
Bog'laring yashnasin gullab iloyim.

KELINCHAK

Egningdagi oppoq harir libosing,
Juda yarashibdi suluv kelinchak.
Yoningda pahlavon Alpomish yoring,
Bir umr qo'lingdan tutsin kelinchak.

Baxtli buo'l, baxt qasrin eshigin ochding,
Fayzli xonadonga sen qadam bosding.
Kelinlik maqomin tong bir-la olding,
Bu nomni oqlagin go'zal kelinchak.

Ozod dunyolarning baxtin tilayman,
Oltin koshonaning taxtin tilayman.
Baxtingni qo'shiqlar uzra kuylayman,
Xush boqqin, ko'zlaring kulsin kelinchak.

USTOZ

Boqib ma'yus maktab darvozasidan,
Eslab bolaligim xotirlarman jim.
O'ylab qolib aqlim hayronasidan,
Begona, lek men-chun yonib turgan kim?!

Qo'llarimdan tutib oltin saroylar
Qulflarini ochgan o'zingiz ustoz.
Men-chun ajib olam, ajib chiroylar.
Sirlarini ochib bergan siz mumtoz.

Saboqlar-la nurlar sari yetkazgan,
Ilmu ma'rifatga yondoshtirolgan.
U kim edi meni onamdek suygan,
U ustod, ustozdir, chin baxt berolgan.

Bir harf-la ko'nglimga yo'l topgan inson,
Kunlarni tunlarga ipsiz bog'lagan.
Butun umrin menga baxsh etib har on,
Umring farog'atda o't deb chog'lagan.

Urug'dan chechakka aylantirgan siz,
Nay edim, kuy qilib kuylatgan o'zingiz.
Go'r edim, baxt sari yo'llatgan ham siz,
Muallimim poyiga bosh egay ming-ming.

ONA

Ona - bu dunyoda eng mo'tabar zot,
Ona bo'lmasa bo'lmas bu - hayot.
Ona mehri - mislidir quyosh,
Uning ko'zlaridan oqmasin hech yosh.

Onaning bag'riga qo'ysang agar bosh,
G'am arir ko'ngildan , ko'zda tinar yosh.
Qalbi pok, komil, ey aziz inson,
Onangni qadriga yetgin har zamon.

Ona seni boshlar to'g'ri yo'l tomon,
Onangni g'amda qo'yma hech qachon.
Onalar borki dunyoda biz bor,
Doim ahvolimizdan bo'lar xabardor.

Gohida pazanda, gohi shifokor,
Ularning mehnati bizga betakror.
Onalar osmonda porlagan yulduz,
Xizmatin qilaylik kecha-yu kunduz.

SEVGI

Sevgi - muhabbat eski tuyg'udir,
Uni yangilaydi har bitta yurak.
Dunyoda borligi cheksiz urg'udir,
Dunyo yuraklari sevgi deb halak.

Qo'rqoqlikmas mardlik istaydi sevgi,
Yolg'on emas haqlik istaydi sevgi.
Qahr emas mehr istaydi sevgi,
Iymon bilan qalbda bo'lar pok sevgi.

BAYRAMINGIZ MUBORAK ONAJON!

Go'zal bahor faslining ilk kunlaridan,
Kelinchak ko'ylagini kiyadi olam,
Ezgulik ranglariga bezanib har yon.
Bayramingiz muborak, aziz onajon,

Sizning ko'zingizdan oqmasin hech yosh.
Osmoningizda doim porlasin quyosh,
Qancha qiyinchilikka berarsiz bardosh,
Yaratgan yo'lingizga hamisha yo'ldosh,

Onajonim, baxtimga bo'lingiz omon.
Chexrangizda bo'lsin tabassum har qachon,
Davramizni to'ldirib turing siz har on.
Bayramingiz muborak, aziz onajon.

BEG'UBOR BOLALIK

O'shanda sho'x edim, tashvishsiz edim,
Doim o'ynar edim, kulib - quvonib.
Hayot tashvishini tortmay yashardim,
Baxtli bolaligim zavqini tuyib.

Bolaligim eslatar hamon,
Onam yopib bergan issiqqina non.
Bu damlar qalbimda saqlayman har on,
Buni tasvirlashga ojizdir zabon.

HAYOT CHARXPALAGI

Hayot charxpalagi aylanaversin,
Fasllar ketma-ket almashaversin.
Yillaring ketidan yillar keladi.
Biz ham ulg'ayamiz kattalar kabi.

Bir zumda o'tib ketadi yoshlik,
Yodimizga tushadi bolalik, sho'xlik.
Bir - birimizga bildirib tilak,
Hayot charxpalagi shu bo'lsa kerak.

UKAJONLARIM

Men sevib ardoqlagan, ishonchimni oqlagan,
Odob bilan so'zlagan jonajonlarim - ukajonlarim.
Nur sochilar yuzidan, mehr to'la ko'zidan,
Bol tomadi so'zidan, jonajonlarim - ukajonlarim.
Men ularni sevaman, jondan ortiq ko'raman,
Ne desa shay turaman, jonajonlarim - ukajonlarim.

ZULFIYAXONIM XOTIRASIGA BAG'ISHLAB (100 YILLIGI)

Zulfiyaxonimning qizlaridir biz,
Biz ham shoiramiz ko'kdagi yulduz.
Kelajagi porloq, quvnoq o'g'il-qiz,
Shoirlikni biz sizdan o'rganamiz.

Yuz yoshingiz xotirlab yig'ildik bu kun,
Chexrangiz yoriqdir hamisha gul-gun.
Izingizdan yurarmiz bizlar ham bir kun,
Ilhom berar yo'lingiz bizlarga har kun.

VATAN

Vatanni asraylik ko'z qorachig'idek,
Kipriklar qadalsin dushmanga tig'dek,
Vatanni asraylik xuddi onadek.
Vatan bizga berdi tinchlik omonlik,
Hech qachon ko'rmaylik yovdan yomonlik.
Mustaqillik bizga berilgan ne'mat,
Boshimizga tushmasin hech qachon kulfat.
Vatanga qilmaylik aslo xiyonat
Vatanga xiyonat og'ir jinoyat.

QARSHIM

Yaratganning nazari tushgan Qarshimsan,
Ming yillik tarixni ko'rgan Naqshimsan.
Nasafiy, Naqshab-u Behbudiy bobom.
Nomini o'zingga olgan Qarshimsan.
Tarixing buyukdir azal-azaldan.
Buni bilmoq mumkin she'r-u g'azaldan,
Hurlik deb kurashding toki bor kuching.
Seni asragaymiz yovdan-yomondan.

BOBO - BUVIJONIMGA

Bobosi bor uyning barakasi bor,
Momosi bor uyning mehr-baxti bor.
Biz farzandlarni baxtiyor etgan,
Bobo - buvijonga rahmatlar bisyor.

Kelajagimizni o'ylaymiz hamon.
Siz ham baxtimizga bo'ling sog'- omon,
Dunyolar turguncha turingiz deyman,
Yonimizda doim bo'lingiz deyman.

Tug'ilgan kuningiz muborak bo'lsin,
Siz bor bu xonadon nurlarga to'lsin,
Sizni qutlagaydir Madina jondan,
Sizlar uzoq ketmay sharafdan-shondan.

ONAM DERMAN

Bu dunyoda – mehriboning,
Kim derlar? – onam derman.
Bu dunyoda – ishonganing,
Kim derlar? – onam derman.
Bu dunyoda sirdoshing kim?
Derman azizim onam.
Oq sutini ayamagan,
Kim derlar? – onam derman.
Bu dunyoda, bu olamda,
Farzand deb o'zdan kechib,
Ko'zga uyqu olmagan,
Kim derlar? – onam derman.
Goh pishirar, goh tikar,
Goh kulib, gohi yig'lar,
Biz uchun tinim bilmas,
Kim derlar? – onam derman.
Sochiga oq, yuziga ajin,
Tushgan zahotida ham,
Biz uchun kuyar doim,
Kim derlar? – onam derman!

QISH ZIYNATI

Qish ham keldi,
Oq libosga burkanib.
Pok niyatlar,
Ezgulikka bog'lanib.

Qish ham keldi,
Oq libosga burkanib.
O'zi bilan,
Yangi yilni ham olib.

Yangi yilda yaxshi,
Niyat qilaylik,
Niyatlarga biz,
Albatta yetaylik.

KUNGABOQAR VA QULUPNAY SUHBATI

Kunga boqib tolmayman,
Ko'zlarimni olmayman.
Kungaboqardir nomim,
Quyosh mening o'rtog'im,
Qulupnay sendan talab,
Do'st tanla shoshmay saylab,
Men qulupnay qip-qizil,
Nuqta-nuqta xolim bor.
O'zim kichik bo'lsam ham,
Anchagina do'stim bor.
Sen xavotir olmagin,
Do'stim, kungaboqarjon.
Kunga boqib tolmagin,
Esla meni har qachon.

LOLA

Qirda ochilib,
Qip-qizil lola.
Gar to'kilsa u,
Qiladi nola.
Tanasin og'ritib,
Uzmangiz zora.
Gulni avaylang,
Xuddi-ku bola.

TINCHLIKDAN DARAK

Bulbulning sayrashi, shamol esishi,
Bir daraxtning gullab meva berishi.
Insonlar sevinchi xandon quvnashi,
Bu tinchlikdan darak, tinchlikdan darak.

Baxtli insonlarning qo'shiq kuylashi,
Vatanning yashnashi, baxtdan so'ylashi.
Farzandlar haqida shirin o'ylashi,
Bu tinchlikdan darak, tinchlikdan darak.

MEHNAT

Mehnat qilsa har kishi,
Ishlab, rohat topadi.
Topib tinchlik, farog'at,
G'amlarin unutadi.

EZGU OLAM
Olamni ko'rgin yorug' ko'z ila,
Shu dam g'amda ham boshlaysan kula.
Barcha to'siqlardan o'tgin sabr-la,
Yaxshilik qilish chin dildan xohla.
Savob ish qiling har doim, har dam,
Shunda bilasan go'zal bu olam,
Zabon berolmas buni tasvirlab.
Bu go'zallik deb jon berish ham kam.

O'G'RILIK – YOMON ODAT.

O'g'rilik qilma zinhor,
Bo'lsangda sen nonga zor.
Agar bo'lsang noinsof,
So'ng bo'larsan pushaymon, xor.

VAZIFAMIZ

Ota - ona farzandin,
Avaylab asrashar.
Hech kimdan kam bo'lmasin,
Deb - ular yonib-kuyishar.

Farzandlar-chi, ulg'ayib,
Ularni avaylashsin,
Qariganda suyanchiq,
Bo'lsin-u, ranjitmasin.

ISHONCH

Taqdir o'yinlari,
Qiziq-a, do'stlar?
Kim parvoz etadi,
Kim esa pastlar.
Mag'lub bo'lganda,
Umid so'ndirmang,
Siz olg'a intiling,
Orzu-la yashang.
Mo'jizalarga siz,
Ishoning har on.
Ishonch yo'llagay, orzular tomon.

YOZ – QANDAY SOZ

Kirib keldi, yoz fasli,
O'lkamga baxt bag'ishlab.
Turibdi quyosh porlab,
Kular bizlarga qarab.

Yoz fasli juda ham soz,
Bolalar ta'til olar.
Yoz faslida hamma shod,
Kattalar ham dam olar.

ONA TILI

Urug' yerga tushib, chechak bo'libdi,
Qurt jonidan kechib ipak bo'libdi.
Kichik go'dak o'sib, katta bo'libdi.
Inson tili bilan inson bo'libdi.
Kimki shirin so'zlabon shul tilidan,
So'zlang avval o'z dilidan.

XALQIM

Qalbini orzuga to'ldirgan,
Jahonga o'z nomin bildirgan,
Jonini jabborga qoldirgan,
O'zbegim – buyuk xalqim.
O'zbegim – suyuk xalqim.

Necha ming urushlar o'tib boshidan,
Ko'p buyuk shaxslar ketdi qoshidan.
Kelajagi porloq quyoshidan,
Jahonim jahonim – xalqim,
Porloq quyoshim – xalqim.

BUVIJONIM

Baxtlarga to'ldirib xonadoningiz
Umidim,baxtimning taxti bo'ldingiz
Vaqt o'tib sochingizga oq ham oralab,
Boshimda quyoshdek porlab turing siz,
Jonajonim jahonim buvijonim siz
Onajonim onasi mehribonim siz
Nafosat kuychisi,baxshi bo'ldingiz
Iliqlik shodonlik naqshi bo'ldingiz
Har bir nabirangiz suyub erkalab
Hammadan ham bizni yaxshi ko'rdingiz
Jonajonim jahonim buvijonimsiz
Onajonim onasi mehribonimsiz
Farzand,nabiralar baxtin ko'ring siz
Sog'-omon yonimizda tirgak bo'ling siz
Qalbimiz shu'lasi porlab turing siz
Jonajonim jahonim buvijonim siz

MUALLIM

Bilibmanki onam aytgan allarning sabohatin
Angkab endi el-u yurtning farog'atin
Tinglabmanki so'zsiz aytgan so'zlaringni
Gullatyapman sen yurgan bu izlaringni
Urug' esim chechak qilib undirgan sen,
Bir nay edim,kuyga solib kuylatgan sen,
Bor g'or edim kelajakka yo'llatgan sen,
Muallimim poyingda bosh egaman men,
Quyosh kabi porlab yo'lim yoritding,
Hayotda keragi ziyo taratding,
Shu alxol oq -u qorani tanitding
Muallimim poyingda bosh egaman men

www.ingramcontent.com/pod-product-compliance
Lightning Source LLC
LaVergne TN
LVHW010421070526
838199LV00064B/5368